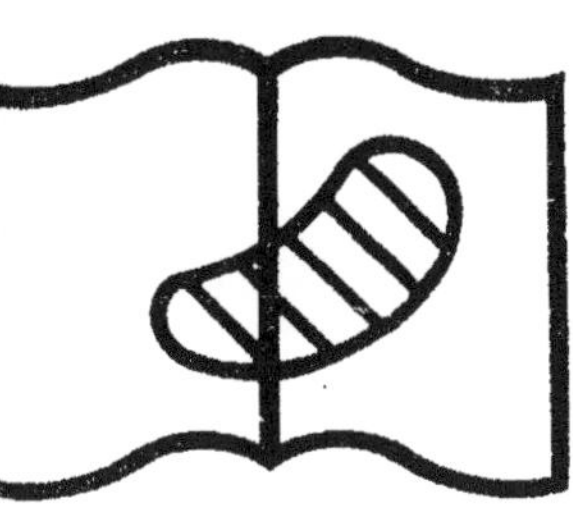

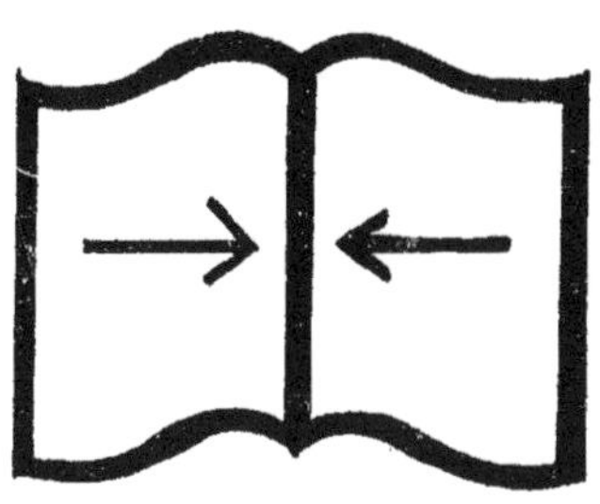

Illisibilité partielle

Contraste insuffisant
NF Z 43-120-14

RELIURE SERREE
Absence de marges
intérieures

Valable pour tout ou partie
du document reproduit

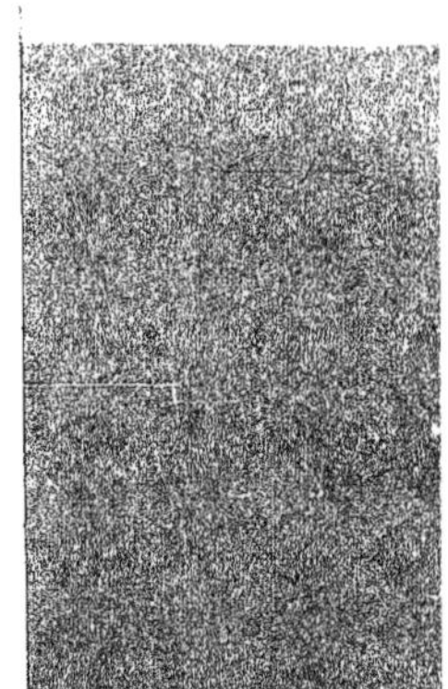

Couverture inférieure manquante

PETIT

ARMORIAL ROMANAIS

PAR

Le Dr ULYSSE CHEVALIER

VIENNE

E.-J. SAVIGNÉ, IMPRIMEUR-ÉDITEUR

1877

A Monsieur L. Delille,

Conservateur Général de la bibliothèque nationale,

hommage de l'auteur : [illegible]

PETIT
ARMORIAL ROMANAIS

Extrait de la Revue du Dauphiné et du Vivarais

PETIT

ARMORIAL ROMANAIS

PAR

Dr ULYSSE CHEVALIER

VIENNE

E.-J. SAVIGNÉ, IMPRIMEUR-ÉDITEUR

1877

AVANT-PROPOS

L'ORIGINE des armoiries, souvent controversée, est restée obscure parce qu'on a confondu deux faits distincts : les signes militaires qui servaient de ralliement dans les armées, tels qu'un sanglier, un loup, un aigle, un coq, etc., et les emblèmes personnels pour distinguer les guerriers et les familles féodales. Ainsi dans les Croisades, auxquelles on fait remonter la naissance des armoiries proprement dites, les foules armées, composées de nations et de peuplades diverses, marchaient sous les bannières de leurs paroisses, comme aujourd'hui les régiments sous leurs drapeaux respectifs, auxquels les soldats ont conservé le nom traditionnel de clochers.

Les chefs militaires, méconnaissables sous leurs armures de fer, se faisaient reconnaître par les emblèmes qu'ils portaient peints sur leurs boucliers et qui devinrent personnels, puis héréditaires comme les noms de famille. Enfin, à une époque où peu de personnes savaient écrire, les cachets plus ou moins armoriés (car il fallait bien qu'ils représentassent quelque chose), servaient de signatures. Après avoir vainement cherché à limiter cet usage aussi utile qu'inoffensif, les rois de France permirent ce qu'ils n'avaient pu empêcher.

A l'origine, les nobles seuls avaient le droit de posséder des armoiries; mais, dès 1371, Charles V accorda cette faveur aux bourgeois de Paris et à ceux de plusieurs villes franches : toutefois ceux-ci ayant mis sur leurs écussons le casque ou le cimier *réservé aux nobles et même la couronne des barons et des comtes, les rois cherchèrent à réprimer ces usurpations, mais l'édit rendu à ce sujet resta lettre morte. Enfin, de guerre lasse, les ministres de Louis XIV songèrent à trouver matière imposable dans cet abus même. Un arrêt du Conseil, du 3 novembre 1696, ordonna la confection d'un rôle où seraient inscrits d'office tous ceux qu'on obligerait à prendre des armoiries. Cette mesure étant purement fiscale, loin de restreindre le nombre de ceux qui avaient droit à cette distinction, elle l'augmenta de beaucoup, et les fermiers de cette sorte d'impôt enregistrèrent non-seulement toutes les armoiries qu'on leur présentait, mais encore en attribuèrent arbitrairement à certaines catégories d'employés. Aussi l'édit en question portait-il que « les brevets d'enregistre- « ment d'armes ne pourraient en aucun cas tirer à conséquence « comme preuves de noblesse ».*

De ces diverses mesures résulta le registre de l'Armorial général de France, *dont il existe des extraits dans les provinces, que les amateurs et les généalogistes consultent avec intérêt de nos jours.*

Voici la copie de la quittance pour l'enregistrement des armoiries d'un noble de Romans et de celles de sa femme, qui donne une idée de ce qu'était ce procédé financier.

N. — *Les mots* en romain *sont écrits à la main, le reste est imprimé.*

Dauphiné.

Registre. *Armoiries des personnes, maisons et familles.*

Article 22.

« *Je, commis à la recette des droits d'enregistrement des armoiries ordonné estre faite par l'édit du mois de novembre dernier, soussigné, reconnois que M.* Jean-Augustin D...., escuyer, seigneur d'Arthemonay et Reculais, cy devant conseiller du roy, m^e ordinaire en la Chambre des comptes de Grenoble, et dame Laurence D...., son épouse, ont *ce jourd'huy aporté en ce bureau et présenté* leurs *armes pour estre enregistrées à l'Armorial général, qu'ils m'ont payé le* chacun, *savoir : pour les droits d'enregistrement, suivant le tarif, vingt livres ; pour les deux sols pour livre, quarante sols, et trente sols pour les frais du blason,* qu'est pour les deux quarante-sept livres, *et autres réglez par l'arrest du Conseil du 20 novembre dernier (1), promettant luy délivrer le brevet dudit enregistrement en me rapportant le présent récépissé.*

« *Fait à Romans, le 29ᵉ jour de* mars *mil six cent quatre-vingt* dix-sept. « Le Gentil. »

En instituant une nouvelle noblesse, Napoléon 1ᵉʳ modifia en quelques points les règles du blason et créa plusieurs signes héraldiques peu connus aujourd'hui. La toque qui, au lieu de couronne, surmontait l'écusson, était ornée de plumes dont le nombre indiquait le titre de noblesse. L'écusson avait ordinairement un franc quartier du 9ᵉ du champ, chargé d'un signe destiné à rappeler la fonction ou la profession dans laquelle le dignitaire s'était distingué : tels qu'une croix pour les ecclésiastiques, une épée pour les militaires, une ancre pour les marins, une branche de chêne pour les civils, etc.

Nous avons mis un soin tout particulier à découvrir et à décrire les armoiries que les familles romanaises ont reçues ou se sont données : ce qui n'a pas été sans difficulté pour celles qui ne figurent pas dans les Armoriaux. Comme le notaire avait son signe tabellional, *le fabricant sa* marque, *le commerçant son* estampille, *pour se distinguer de leurs confrères, de même, aussi, et sans plus de prétentions nobiliaires, le bon bourgeois se donnait un blason et parfois ajoutait à son nom patronymique celui d'une terre, afin de se créer une personnalité et échapper ainsi aux inconvénients d'une homonymie trop souvent peu flatteuse. Ces armoiries bourgeoises, créées à loisir, dressées avec soin, sont intéressantes à étudier. Autant que possible elles étaient* parlantes *ou offraient par à peu près le rébus ou calembour héraldique. Dans les autres cas elles formaient des tableaux plus ou moins compliqués, en quoi elles différaient des armes de la noblesse, dont l'extrême simplicité faisait l'excellence.*

Chacun des articles qui suivent, extraits d'un plus long travail sur les anciennes familles de Romans, comprend : 1° une note

(1) L'enregistrement des armoiries des corps constitués, des communautés religieuses, des corporations, etc., était taxé à une cote beaucoup plus élevée ; ainsi celle du Chapitre de Saint-Barnard ne fut rien moins que de 120 livres.

biographique très-succinte sur un, deux ou trois personnages les plus anciens ou les plus notables de la famille ; 2° une description des armoiries d'après les armoriaux, les sceaux, les cachets, les médailles, les empreintes, etc.

En somme, notre travail n'est point un nobiliaire, *mais uniquement un* Recueil d'armoiries *appartenant à des personnes des conditions les plus diverses : ce qui, souvenir du passé, ne peut avoir ici qu'un intérêt purement historique ou même de simple curiosité. Voilà pourquoi Romans, qui ne fut jamais une ville bien aristocratique, peut néanmoins fournir un honnête contingent de blasons à l'Armorial général de la province, et nous permettre d'offrir d'importantes additions au savant ouvrage de M. Rivoire de la Bâtie, en retour des nombreux emprunts que nous lui avons faits.*

PETIT ARMORIAL ROMANAIS

ABZAC DE LA DOUZE (Jean-François d'), originaire du Périgord, capitaine aux chasseurs du Dauphiné, marié à Romans le 11 octobre 1790 à Victoire Allier et mort sur l'échafaud révolutionnaire en 1794, laissant deux filles, qui sont devenues mesdames Duvivier et de Sinard.

D'argent, à la bande et à la bordure d'azur chargée de 9 besans d'or posés 3, 3 et 3. Supports deux gantes (ou paons à la face humaine) ayant leurs ailes armoriées aux armes d'Abzac. Cimier : un buste de reine tenant le sceptre de la main droite et de la gauche des rênes qui sont attachées au cou des gantes.

ACQUENÉE dit PEYROLIER (Humbert), sacristain du chapitre de Saint-Barnard, de 1490 à 1531.

ACQUENÉE dit PEYROLIER (Louis), neveu du précédent et comme lui sacristain du chapitre, de 1531 à 1560.

D'or, à trois chaudrons de sable.

AIMERI (Astorge), évêque de Saint-Paul-Trois-Châteaux, 92e archevêque de Vienne, abbé de Saint-Barnard et co-seigneur de la ville de Romans, de 1480 à 1482.

D'or, à l'aigle éployé de sable, à la barre de même brochant sur le tout.

ALBANEL (Jean), président en l'élection de Romans, subdélégué de l'intendant et recteur de l'Aumône générale, né en 1645, mort en 1694. Il avait épousé : 1o Catherine Popon; 2o Anne Calvin de Saint-Marcel.

D'azur, au chevron d'argent accompagné en chef de deux étoiles et en pointe d'un croissant de même.

ALBON (HUMBERT D'), 67e archevêque de Vienne, abbé de Saint-Barnard et co-seigneur de la ville de Romans, nommé en 1146, mort le 20 novembre 1147.

De sable, à la croix d'or.

Devise : *A cruce victoria.*

ALLEMAND (HUGUES), chanoine de Saint-Barnard en 1360.

De gueules, semé de fleurs de lys d'or, traversé d'une bande d'argent.

AMEYSIN (GUIGUES D'), juge de la Cour du Véhier de Romans, en 1319.

AMEYSIN (AYMON D'), gouverneur de cette ville en 1375.

D'argent, à la bande de gueules chargée de 5 coquilles d'or.

ARCHIAC (SIMON D'), institué par Jean XXII, le 3 septembre 1319, archevêque de Vienne, abbé de Saint-Barnard et co-seigneur de la ville de Romans, cardinal le 19 décembre 1320; il se démit peu après.

De gueules, au pal vairé de deux pièces ; au chef d'or.

ARÈNES (PIERRE D'), sacristain du chapitre de St-Barnard, en 1209.

D'azur, à une foi d'argent; les bras vêtus de pourpre.

ARTAUD (DIDIER), chanoine et maître de chœur de Saint-Barnard, en 1350.

ARTAUD (JEAN), chanoine de la même église, en 1376.

De gueules, au château de deux tours d'or, maçonné et portillé de sable.

ARZAC (GUILLAUME D'), juge de la Cour séculière de Romans, en 1490.

D'argent, à trois bandes de gueules ; au chef d'or chargé d'un aigle de sable.

AVIAU (CHARLES-FRANÇOIS D'), 113e et dernier archevêque de Vienne, abbé de Saint-Barnard et co-seigneur de la ville de Romans. Sacré le 3 janvier 1790, transféré en 1802 au siége archiépiscopal de Bordeaux.

De gueules, au lion d'argent, la queue fourchée.

AYMON (ANDRÉ), porte-manteau du roi, anobli par lettres de juin 1661, après avoir été marchand à Romans. Un de ses fils, Étienne-Isidore-Théophile, lui succéda dans sa charge et fut généralissime du *régiment de la calotte*. Il décéda à Romans, en 1731.

De sable, au lion d'or, au chef d'argent chargé d'un croissant de gueules, côtoyé de deux étoiles d'or.

BADOUX (JEAN-PIERRE), avocat, juge de paix de Romans; né le

7 août 1748, mort le 19 janvier 1815. Il descendait d'une famille patricienne de Venise, qui comptait parmi ses ancêtres Pierre Badoer, doge de 941 à 959.

De sable, au chevron d'argent et en pointe un bât d'or ; au chef cousu de gueules chargé d'un mouton passant.

BAILLI (Guy), juge ordinaire de la ville de Romans, en 1451.

D'azur au chevron d'hermines, accompagné de trois étoiles d'or, au chef d'hermines.

BALLY (Flodoard-Éléonor, comte de), seigneur de Percy, Visancourt, Montcarra et autres lieux, chevalier de Malte, brigadier des armées du roi, exempt des gardes du corps, gouverneur de la ville de Romans de 1759 à 1790. Il avait épousé, le 12 avril 1770, Catherine Moreton de Chabrillant.

D'azur, à trois fasces d'or, à une plante de lys de sinople fleurie de six fleurs d'argent.

BALME (Joffred de la), dom recteur de l'hôpital de Sainte-Foy, en 1395 et en 1404.

De gueules, à trois pals d'or, à la bande de sable brochant sur le tout.

Devise : *Éternité.*

BARLETIER DE LA GIRARDE (Étienne), sieur d'Arthemonay, conseiller de la ville en 1578.

De gueules, à la croix d'argent chargée d'un cœur enflammé d'or : au chef cousu d'azur chargé de trois molettes d'or.

BAZEMONT (Adrien de), d'une famille originaire de Monfort-l'Amaury, sacristain du chapitre de Saint-Barnard, de 1560 à 1592.

D'azur, à deux serpents entrelacés d'or, au chef cousu de gueules, chargé d'une colombe d'argent, membrée d'or.

Devise : *Prudens simplicitas.*

BEAUMONT DU REPAIRE (Christophe de), évêque de Bayonne, 109e archevêque de Vienne, abbé de Saint-Barnard et co-seigneur de Romans le 1er décembre 1745, transféré à l'archevêché de Paris, le 24 octobre 1746.

De gueules, à la fasce d'argent, chargée de trois fleurs de lys d'azur.

BELLAND (Joseph), avocat, premier consul, procureur du roi en 1727, président en l'élection en 1739. Son fils Joseph fut aussi président au même siége en 1769 et décéda le 29 août 1809.

BELLAND (Jean-Baptiste), chanoine de Saint-Barnard, prieur de

Saint-Pierre de Nantua, évêque *in partibus* de Messène, né à Romans, en 1731, mort à Joie en Brie.

De gueules, à un mouton passant d'argent; au chef d'or chargé de trois étoiles. L'écu orné des attributs de l'épiscopat.

BÉRENGER (Chabert), chanoine de Saint-Barnard, en 1270.

BÉRENGER (Raymond), chanoine de la même église, en 1338.

Gironné d'or et de gueules.

BERLHE (Claude-Hector), avocat, premier consul, né le 25 novembre 1739, marié à Madeleine Belland.

BERLHE (André), avocat, lieutenant en la judicature, maire de Romans le 1er novembre 1777, mort dans ses fonctions le 12 janvier 1780.

N. BERLHE, inspecteur de l'enregistrement à Nîmes.

D'azur, à un chevron d'or surmonté d'une tête de lion, arrachée d'argent et accompagnée de trois losanges d'or.

N. Ce sont les armes de la famille d'Anglefort (aujourd'hui éteinte) adoptées par suite du mariage, le 17 mai 1665, de Pierre-Hector Berlhe, avec Catherine Colet d'Anglefort.

BERNON DE MONTÉLÉGIER (Gabriel), juge royal de Romans, mort en 1740. Son fils fut Jean-Pierre-Gabriel, maréchal de camp, mort en 1833, âgé de 97 ans, et son petit-fils, le vicomte Gaspard-Gabriel-Achille-Adolphe, lieutenant-général, décédé gouverneur de la Corse, le 2 novembre 1825, à 45 ans.

Parti au 1 d'azur, au chevron d'or accompagné de trois roses d'argent; au chef cousu de gueules chargé de trois étoiles d'or; au 2 d'azur, au lion grimpant d'or, armé et lampassé de gueules.

BERTON DE CRILLON (François de), évêque de Vence, 107e archevêque de Vienne, abbé de Saint-Barnard et co-seigneur de la ville de Romans, du 30 décembre 1714 au 30 octobre 1720.

Coticé d'or et d'azur, de dix pièces.

Devise : *Fais ton devoir.*

BLARER DE WARTENSÉE (Jacques-Christophe, baron de), colonel fédéral du canton de Bâle, de la légion anglo-suisse pendant la guerre de Crimée et de la garde nationale de Romans en 1871. Il avait épousé, en 1854, Louise-Marie-Gabrielle Pascal, de Romans, où il est mort le 22 juillet 1873. Il a laissé deux fils, aujourd'hui capitaines dans l'armée française.

D'argent, au coq de gueules.

BOCHARD (Henri-François), né en 1749, notaire et secrétaire de la ville.

De... à un flambeau et un arc posés en sautoir et supportant deux cœurs enflammés couronnés de roses.

Devise : *Amitié.*

BOCSOZEL (Berton de), gouverneur de Romans, en 1466.

D'or, au chef échiqueté d'argent et d'azur, de deux traits.

Devise : *Quoy qu'il en advienne.*

BOFFIN (Romanet), marchand, consul de la ville en 1625, puis capitaine de quartier. Fondateur du couvent et du Calvaire de Romans. Né en 1484, mort en 1545. Sa postérité a fourni plusieurs avocats généraux au Parlement.

D'or, à un bœuf passant de gueules, au chef d'azur chargé des trois croix du Calvaire d'or.

Devise : *Deo, Regi, patriæ, pietas et fides.*

BOISSARET (Sébastien), marchand, mort le 7 novembre 1687. Il fut avec sa femme, Jeanne Farge, le fondateur de l'hôpital général.

D.... à un lévrier et deux enseignes.

BON (Joseph Louis-André), baron de l'empire, fils du général de division tué en Egypte. Né à Romans, le 22 mars 1793, mort à Tarascon, le 25 avril 1843, étant lieutenant-colonel au 4e régiment de chasseurs.

Écartelé au 1 de gueules, au pélican et sa piété d'or ; au 2 d'argent, au croissant de gueules ; au 3 d'argent, à trois pyramides en fasce de gueules soutenues de même ; au 4 de gueules, au dauphin d'or ; franc quartier des barons tirés de l'armée brochant au 9e de l'écu.

La famille Bon avait pour armoiries un *pélican.*

N. BON, major au régiment de Toulouse, portait :

D'azur, au dauphin couronné d'or, au chef d'argent chargé de trois étoiles de gueules.

BONNOT (François), écuyer, grand prévôt de la maréchaussée de Lyon ; maire et premier consul de Romans de 1755 à 1768, mort dans cette ville, le 20 septembre 1785.

D'azur, au chevron d'or ; au chef d'argent chargé de trois roses de gueules.

BOURGOGNE (Guy de), 64e archevêque de Vienne, abbé de Saint-Barnard et co-seigneur de la ville de Romans en 1090. Elu pape à Cluny le 1er février 1119, sous le nom de Callixte II.

Bandé d'or et d'azur, à la bordure de gueules.

BOUTILLIER D'ARTHAN (Charles-Jean-Baptiste), capitaine

d'artillerie au régiment de Strasbourg, chevalier de Saint-Louis, décédé à Romans, le 22 mars 1810. Son fils, Jean-François, lieutenant-colonel d'artillerie, commandant de la garde nationale de Romans en 1816, décédé le 27 février 1830. Il avait épousé Marie-Anne-Julie de Gillier.

De... à un arbre frappé à dextre de la foudre, accosté de deux croissants montants.

BOUVIER DES MARETS (Pierre), avocat, premier élu de l'élection de Romans, en 1741, recteur de l'hôpital général, juge à la partie du Chapitre, en 1753.

BOUVIER DES MARETS (Pierre-François), docteur en théologie, prieur de Saint-Pierre de Nantua, dernier sacristain de Saint-Barnard, de 1768 à 1790.

De gueules, à trois rencontres de taureaux d'or, panachés de même.

BRENIER (Antoine-Honoré), trésorier de France en Dauphiné, anobli en 1640.

BRENIER (François), avocat, procureur du roi en l'élection de Romans, en 1646; marié à Charlotte Odoard de Villemoisson. La famille Brenier se divisa en plusieurs branches, telles que Belair, Beaulieu, Préville, Monière, La Condamine, Montmorand.

D'azur, semé de fleurs de lys d'or, au sautoir de gueules chargé de cinq coquilles d'argent brochant sur le tout.

BUISSONNIER (Barthélemy), maître en la Chambre des comptes, en 1640. Sa veuve, Emeraude Guigou de Chapolay, vendit, en 1675, cette charge à Jean-Augustin Deloulle.

D'or, à un buisson ardent de gueules, au chef d'azur chargé de trois étoiles d'argent.

CARLES. Cette ancienne famille parlementaire remontant à Geoffrey Carles, s'est éteinte à Romans vers la fin du XVIIe siècle.

D'or, à un lion de gueules.

CATO DE SUPINO (Angelo), médecin-aumônier de Louis XI, 93e archevêque de Vienne, abbé de Saint-Barnard et co-seigneur de Romans, nommé le 24 juillet 1482; mort en disgrâce, à Bénévent en 1495.

De sinople, à un livre d'église d'or, la couverture chargée de cinq clous de sable.

CHABALLET (Gabriel-Marcellin & Jean-Baptiste), tous les deux capitaines et chevaliers de Saint-Louis, sont morts à Romans, sans postérité, vers la fin du siècle dernier.

Ecartelé au 1 et 4 d'azur, à huit trèfles d'argent posés 3, 2 et 3, au

2 et 3 d'or, au lion de sable. Une croix de Saint-Louis suspendue à l'écu. Deux lions pour supports.

CHABERT, originaire de Crest, sacristain du Chapitre de Saint-Barnard, de 1120 à 1130.

CHABERT (PHILIPPE), dom recteur de l'hôpital de Sainte-Foy, en 1599.

D'azur, semé de taux d'argent, à la bande de même chargée de trois rocs d'échiquier de sable, brochant sur le tout.

CHABRIÈRES DE CURMONT (CHARLES-FERRÉOL DE), prêtre habitué de Saint-Barnard; fils naturel reconnu de Charles de Chabrières, président en la Chambre des comptes. Mort à Romans, le 29 mars 1807, âgé de 60 ans.

D'azur, à deux fasces ondées d'argent ; au chef d'or chargé d'un bouc naissant de sable, brisé d'une cotice de gueules brochant sur le tout.

CHALVET DE SAINT-ÉTIENNE (PIERRE-LOUIS), prêtre du diocèse de Die, docteur en théologie, sacristain du Chapitre de Saint-Barnard, de 1741 au 18 avril 1768, date de sa mort.

Ecartelé au 1 et 4 d'or, à une rose de gueules, au 2 et 3 bandé d'or et d'azur de six pièces.

CHAMBON, procureur en 1702.

De... à une gerbe de...; au chef chargé d'un soleil d'or.

CHAPELLE (BERTRAND DE LA), 81e archevêque de Vienne, abbé de Saint-Barnard et co-seigneur de la ville de Romans, nommé le 31 décembre 1327, mort vers 1352.

De... au lion rampant.

CHAPPUYS (MICHEL), chanoine de Vienne, sacristain du Chapitre de Saint-Barnard, de 1467 à 1490.

CHAPPUYS (ANTOINE), juge de la cour séculière de Romans, en 1567.

D'azur, à la fasce d'or accompagnée de trois roses de gueules.

CHAPTAL (FRANÇOIS), avocat, correcteur à la Chambre des Comptes de Grenoble, de 1764 à 1790, mort le 15 octobre 1799.

CHAPTAL DE LAMURE (JOSEPH-FÉLIX), capitaine d'artillerie, marié le 20 mars 1818 à Marie-Agathe LEGENTIL, mort le 27 octobre 1868.

CHAPTAL (FRANÇOIS-SULPICE & HENRI-ROMAIN), capitaines d'infanterie, chevaliers de la Légion d'honneur et de l'ordre de Charles III d'Espagne.

De sable, au lion rampant d'argent.

CHAROLAIS (ETIENNE DE), 66e archevêque de Vienne, abbé de Saint-Barnard et co-seigneur de la ville de Romans, en 1129 ; il se démit l'année suivante.

De gueules, au lion la tête contournée d'or, lampassé d'azur.

CHASTAING DE LA SIZERANNE (GIRAUD), maître de la monnaie de Romans, anobli en 1520. Une branche, sous le nom de Lapassa, a fourni plusieurs capitaines et chevaliers de Malte.

D'argent, au lion de gueules, à la fasce d'azur chargée de trois croisettes d'or, brochant sur le tout.

CHASTE DE GEYSSANS (PIERRE DE), gouverneur de Romans, en 1567.

De gueules, à la clef d'argent mise en bande.

CHASTELAIN DE POIX (CHARLES-LOUIS-MARIE DE), ancien gendarme de la maison du roi, directeur de la poste aux lettres de Romans de 1816 au 16 novembre 1823, jour de sa mort, à l'âge de 60 ans.

La famille de Chastelain, originaire du Cambrésis, a fourni des vicomtes de Thérouanne au XIVe siècle.

D'azur, à un château formé de trois tours rondes et deux entremurs, pavillonnées et girouettées d'argent ; le tout ajouré et maçonné de sable. Deux hommes d'armes pour tenants.

Devise : *In pace sunt omnia.*

CHATTE (CHARLES DE), marié sous Louis XIII avec Anne de Latier, dame de Charpey.

CHATTE (JEAN-FRANÇOIS-ADOLPHE DE), licencié en droit, né le 7 décembre 1809, à Charpey ; maire de Romans depuis le 3 novembre 1856, jusqu'au mois de décembre 1860.

Parti, au 1 coupé en chef de gueules, à la clef d'argent mise en bande, et en pointe d'azur à une fleur de lys d'or ; au 2 d'azur, à trois lacs d'amour d'argent, au chef de même.

L'écu timbré d'un heaume fermé et entouré du collier de l'ordre de Saint-Michel.

CHAUSSENC (GUIFFREY), chanoine, juge de la cour commune de Romans, en 1227.

CHAUSSENC (RICHARD), sacristain du Chapitre de Saint-Barnard, de 1323 à 1344.

Sceau ogival, deux oiseaux de vol adossés, une tige de lys au milieu.

CHEVALIER (FRANÇOIS), greffier en chef de l'élection de Romans, né le 10 septembre 1742, mort le 18 juin 1793.

D'argent, à un cheval de sable attaché à un cerisier chargé de fruits.

CHEVALIER (PIERRE-ANDRÉ-RÉMY), colonel du 14e régiment de grenadiers-tirailleurs de la garde impériale, officier de la Légion d'honneur, chevalier de Saint-Louis et des ordres royaux des Deux-Siciles et d'Espagne ; né à Romans, le 16 décembre 1771, mort à Alençon, le 7 août 1822.

CHEVALIER (JEAN-ANDRÉ-ULYSSE), né à Romans le 16 juillet 1804 ; médecin-major de 1re classe, chevalier de la Légion d'honneur, membre de plusieurs sociétés savantes, nationales et étrangères.

CHEVALIER (l'abbé CYR-ULYSSE-JOSEPH), né à Rambouillet le 24 février 1841, chevalier de la Légion d'honneur, officier de l'instruction publique et correspondant du ministère.

De gueules, à un grand C gothique d'or. L'écu timbré d'un heaume fermé de sable, ayant pour cimier un serpent au naturel et supportant plusieurs décorations.

Devise : *Non solum nomine.*

CHEVRIÈRES (PONÇON), bourgeois de Romans et châtelain de plusieurs terres en 1389.

De gueules, au buste de cheval coupé d'or.

CHIÈZE (ANTOINE), médecin de l'abbaye de Saint-Just, en 1670.

CHIÈZE (JEAN-PIERRE), avocat consistorial, nommé conseiller au Parlement en 1772, avec une pension de 1,500 livres de la cour.

D'argent, à une église maçonnée de gueules, couverte d'azur, au chef de même chargé de trois fleurs de lys rangées d'or.

CHISSÉ DE LA MARCOUSE (PIERRE DE), gentilhomme de la Chambre du roi et chevalier de son ordre, nommé le 23 mars 1563 gouverneur de la ville de Romans, « nul n'ayant été jugé plus capable d'y rétablir le bon ordre ».

Partie d'or et de gueules, au lion de sable, armé et lampassé de gueules, brochant sur le tout.

Devise : *Toujours.*

CLAVEYSON. Grande famille de Romans, tombée, en 1440, dans la maison d'Hostun, et éteinte, en 1615, dans celle de Lionne.

De gueules, à la bande d'or chargée de trois clefs de sable.

Devise : *Stat fortis in arduis.*

CLEMENT-LACOSTE (JEAN-ETIENNE), baron de l'Empire, général

de brigade dans la garde impériale, commandeur de la Légion d'honneur; né à Romans le 17 décembre 1773, mort par suite de blessures, à Paris, le 27 avril 1814.

Écartelé au 1 d'or, à deux tours jointes par un mur crénelé et portillé d'argent, le tout maçonné de sable; au 2 des barons militaires, au 3 d'azur, à trois pyramides d'or accostées à dextre d'un palmier et à senestre d'un croissant renversé; au 4 d'argent, au chevron de gueules accompagné de trois étoiles de même.

L'écu timbré d'une toque et supportant deux croix.

N. — *L'Armorial du Dauphiné* a attribué, par erreur, à ce général, des armes qui ne sont pas les siennes.

CLÉRIEU (Guillaume de), abbé de Saint-Félix de Valence, sacristain du Chapitre de Saint-Barnard, de 1130 à 1168.

D'azur, à deux clefs adossées d'or.

CLERMONT (Antoine de), 94e archevêque de Vienne, abbé de Saint-Barnard et co-seigneur de la ville de Romans, du 21 mars 1496 au 5 mai 1505.

De gueules, à deux clefs d'argent posées en sautoir.

COLET DE LA CHASSERIE (Jean-Louis), avocat, premier consul, président en l'élection en 1687.

COLET D'ANGLEFORT (Jean), capitaine au régiment de Neuss, marié, le 24 juillet 1707, à Romans, avec Home de Mac-Carthy.

D'azur ou de sable, au chevron d'or, chargé en chef d'une tête de lion arrachée de gueules, accompagnée de trois losanges d'or.— Chorier dit *d'argent.*

Devise : *L'âme et l'honneur.*

COLLONGE (Jean), notaire de Romans, en 1590.

COLLONGE (Jean-Louis-André POUCHON-), premier adjoint au maire, de 1815 à 1828. Décédé le 28 février 1871, à 80 ans. Il avait épousé, le 5 février 1803, Marie-Flavie de Lolle.

D'azur, à une croix latine d'or posée en barre, accompagnée en chef d'un chevron renversé de gueules et en pointe d'une rose de même.

COLONEL (Humbert), seigneur de Carrière, camérier, en 1342, d'Humbert II, et receveur des droits du dauphin, dans la ville de Romans, en 1351.

De gueules, à la colonne d'argent.

COPIER (Pierre), notaire de Romans et procureur de la ville, en 1366.

D'hermines, au chef de gueules.

COSTE (François), auditeur en la Chambre des comptes en 1595, seigneur de Peyrins en 1609, décédé à Romans en 1618.

COSTE (Jacques), président au Parlement en 1639, comte de Charmes en 1652, décédé en 1671.

De gueules, à trois cotices ou côtes humaines d'or.

DEGROS DE CONFLANS (Louis-Prosper), auditeur en la Chambre des comptes de Grenoble, juge au tribunal de Valence, maire de Romans de 1825 à 1830.

DEGROS (Gabriel-Prosper), chef de bataillon du génie, chevalier de la Légion d'honneur, ancien membre du Conseil général, né le 14 mai 1810.

De sable, à trois couronnes d'or mises en bande; au chef cousu de gueules, chargé d'une épée d'argent posée en fasce et soutenue de même. Supports : deux lions, l'un debout et l'autre couché.

DELACOUR D'AMBÉZIEUX (Charles-Claude), avocat, membre de l'Assemblée constituante, président du Tribunal du district, né le 11 mai 1730, mort le 22 septembre 1792.

De gueules, au pal d'hermines chargé de trois tourteaux de sable, accompagné en chef d'une étoile d'or.

DELAY (Claude-Pierre de), comte de l'Empire, successivement capitaine de cavalerie, maire de Romans en 1787, député à l'Assemblée nationale, membre du Conseil des Anciens, sénateur, pair de France, commandeur de la Légion d'honneur, chevalier de Saint-Louis et de Saint-Michel; né à Romans le 27 décembre 1750, et décédé au Bourg-du-Péage le 4 août 1827.

D'azur, au lion rampant d'or entre deux pals de même, brochant sur les pattes et la queue du lion.

DELOCHE (Jacques), marchand à Romans, en 1658.

DELOCHE (André), marié, le 8 février 1695, avec Marie Chaptal.

DELOCHE (Marc-Hilaire-Marcel), marchand de vins, mort le 27 mai 1852, à Romans, où il avait épousé Julie Boutillier d'Arthan.

De gueules, à trois glands d'or, au chef cousu d'azur, chargé d'un croissant d'argent.

DELOLLE DES FAURES (Pierre-André), d'une famille de Saou, anoblie en 1652 pour faits de guerre; marchand, président du district de Romans en 1792; mort le 29 avril 1810.

D'or, à cinq lions de gueules posés en sautoir, au chef d'azur chargé d'une épée et d'une lance d'or passées en sautoir.

DELOULLE (Arnoux & Pierre), docteurs en droit, le premier juge royal à Romans et le second juge à Marseille. Anoblis ensemble en 1654.

DELOULLE DE MENTILLERY (François-Antoine), seigneur d'Arthemonay, conseiller au Parlement, mort à Romans sans postérité le 19 novembre 1817.

D'azur, à trois colombes d'argent, au chef de gueules chargé d'une croix potencée soutenue de même.

D'HONNEUR (Jean-Louis), sieur d'Hauteville, trésorier de France en 1756, mort à Romans le 9 octobre 1797.

D'azur, à trois chevrons d'or accompagnés de trois étoiles : deux en chef et une en pointe.

DUPLASTRE (Jean), notaire et secrétaire du Conseil delphinal. Anobli dans sa charge en 1447.

DUPLASTRE (Antoine), chanoine et maître de chœur du Chapitre de Saint-Barnard, en 1518.

D'azur, à la bande d'or chargée d'un lion de sable.

DU PORTROUX (Jean), avocat, procureur du roi en l'élection en 1765, sub-délégué de l'intendant en 1770; élu maire de Romans en 1790; mort le 13 février 1812.

DU PORTROUX (François), chanoine, maître de chœur du Chapitre de Saint-Barnard, né le 8 mai 1726, décédé le 11 octobre 1814.

DU PORTROUX (Jean-Gabriel), avocat, conseiller en la Chambre des Comptes en 1756, commissaire du roi près le tribunal du district. Décédé le 31 décembre 1822.

D'argent, au vaisseau de sable, les voiles pliées; au chef d'azur chargé de trois étoiles d'argent rangées.

DUVIVIER (Philippe), sieur du Molard, vibailli du Graisivaudan, président en la Chambre des Comptes en 1651, anobli dans sa charge; mort à Romans en 1683.

DUVIVIER (Ferdinand-Bruno de Fay), seigneur de Barnave, de Penne, et des maisons-fortes de Veaunes et de Jabelin; capitaine au régiment Royal-vaisseau; mort le 1er juillet 1751.

Armes de la branche de Veaunes : *De gueules, au cerf d'or passant sur un pont d'argent, à l'eau de même.*

DUVIVIER (Amédée-Philippe), seigneur de Lentiol, conseiller au Parlement du 22 janvier 1772, décédé le 4 octobre 1811, laissant deux filles : Mme de Pina et Mlle Edwige, fondatrice de la congrégation de Sainte-Marthe.

DUVIVIER (Ferdinand-Camille), chef de bataillon, chevalier de la Légion d'honneur, maire de Romans, du 24 janvier 1814 à août 1815, décédé à Château-Salins (Marne).

Armes de la branche de Lentiol : *Écartelé aux 1 et 4 de Veaunes, aux 2 et 3 de sable à trois fasces ondées d'argent, au chevron de gueules.*

ENFANTIN DE LISEAUX (Pierre), marchand et filateur de soie, mort le 9 février 1794.

ENFANTIN (Louis-Saint-Prix), chanoine de St-Barnard en 1775; élu maire de Romans le 8 avril 1792.

D'argent, à un enfant au naturel tenant à la main droite une branche de thym.

FALCOS DE MALLEVAL (François), premier consul de Romans en 1665.

D'azur, au faucon d'argent, les gets et sonnettes de même.

Devise : *Semper in altum.*

FALLAVEL (Richard & Pierre), chanoines de St-Barnard en 1270.

FALLAVEL (François), juge ordinaire de Romans, en 1400.

De gueules, à la bande d'argent chargée d'un lion de sable.

FARGES (François), marchand, mort en 1677.

De... à un hêtre (fagus) au naturel; au chef de... chargé d'un croissant accosté de deux étoiles.

FAY DE SOLIGNAC (Jean), premier consul de Romans en 1560, chef des capitaines de la ville l'année suivante.

FAY DE SOLIGNAC (Philippe), capitaine des grenadiers au régiment de Grammont, décédé le 17 octobre 1778.

De gueules, à la bande d'or chargée d'une fouine d'azur.

Supports : *deux lions grimpants, la tête couronnée.*

Chorier donne à cette famille des armes différentes et très-compliquées.

FLÉARD (Jean), juge du chapitre de Saint-Barnard, en 1483.

D'or, au chevron d'azur chargé en chef d'un soleil du champ et en pointe de deux croissants d'argent.

FLOTTE DE MONTAUBAN (Balthazar de), comte de la Roche, capitaine de la compagnie de M. le prince, chevalier de l'ordre du roi, bailli de Saint-Marcellin, gouverneur, de 1587 à 1597, de la ville de Romans, où il fit construire une citadelle.

Losangé de gueules et d'argent; au chef d'or.

Devise : *Tout flotte.*

FONTENILLE (Louis-Balthazar de), lieutenant de dragons, marié en 1825 avec Adélaïde Andrevon, décédé à Romans en 1841.

D'or, au lion de gueules.

FORREST dit COPPE (Pierre et Antoine), fermiers de la monnaie de Romans, en 1422, anoblis par le Dauphin (Louis XI), seigneurs de la Jonchère, en 1459.

Georges, fils de Bernard et époux d'Isabelle de Priam, devint seigneur de Blacons en 1480.

Patté d'argent et de gueules de six pièces; au chef d'or.

FRANC DE POMPIGNAN (Jean-Georges-Marie le), 112e archevêque de Vienne, abbé de St-Barnard et co-seigneur de la ville de Romans, nommé en 1774, abdiqua en 1789 pour devenir ministre de Louis XVI.

D'azur, au chevalier armé d'argent, tenant en main une épée nue.

FRANCISCAINS. Il existait à Romans, avant la Révolution, trois couvents de l'ordre de Saint-François : cordeliers (1252), capucins (1609), et récollets (1612).

D'azur, à deux bras stigmatisés, l'un vêtu de sable et l'autre de carnation passés en sautoir devant une croix de gueules.

GAILLARD (Louis-Charles), baron de l'Empire, colonel d'infanterie, officier de la Légion d'honneur, chevalier de Saint-Louis, né le 7 novembre 1770 et mort le 20 août 1825, à Romans.

N. Sa nomination de baron ne datant que du mois d'octobre 1813, les lettres patentes n'ont point été enregistrées.

GARAGNOL (Antoine), vi-bailli de Saint-Marcellin en 1567, anobli en 1605.

GARAGNOL DE CHAMBOIS (Nicolas), capitaine au régiment de Robecq; premier consul de Romans en 1675.

GARAGNOL (Pierre de), chanoine de Saint-Barnard, mort en 1718.

D'azur à un buste de cerf coupé d'or, mis en profil et sommé de même; au chef d'argent chargé de trois roses de gueules boutonnées d'or.

Devise : *Sursum.*

GARNIER DE LABAREYRE (Charles-Maurice-Paul), ancien officier de cavalerie, marié à Romans, le 26 janvier 1843, avec Marie-Agathe-Adélaïde de Chaptal.

GARNIER DE LABAREYRE (Pauline-Eugénie), mariée, le 8 octobre 1866, avec Félix de Chaptal, officier de gendarmerie.

D'azur, au chevron d'or accompagné de trois étoiles d'argent, au chef cousu de sinople, chargé de deux bandes d'argent accompagnées de trois besans de même posés en barre.

GARNIER DE PÉLISSIÈRE (Pierre-Justin-Jean-Baptiste), marié à Romans, le 17 septembre 1813, avec Marie-Suzanne-Adélaïde Legentil.

GARNIER DE PÉLISSIÈRE (Marie-Hippolyte-Ernest), fils du précédent, marié le 22 août 1853, avec Blanche-Marie-Caroline de Chaptal.

D'azur, à la tour d'argent accompagnée de trois cannettes de même, placées l'une sur le sommet de la tour et les deux autres adossées au bas.

GASTE (François de). De concert avec sa femme Isabeau Livat, il donna, en 1632, sa maison d'habitation pour y établir un couvent de la Visitation, à condition qu'on y recevrait ses quatre filles.

D'or, parti d'or, à trois fasces d'azur.

GAUDO-PAQUET (Louis), marchand de vins, mort à Romans en 1864, marié à Elisa Dauphin dont les armes sont :

D'azur, à un dauphin d'or renversé; au chef d'argent chargé de trois étoiles.

GAYTE, famille de notaires de Romans, au XIVe siècle. René, Claude et François Gayte de Soliers furent anoblis en 1652.

D'argent, à trois bandes losangées d'or et de gueules.

GENÈVE (Robert de), sacristain du chapitre de Saint-Barnard, de 1262 à 1274.

Cinq points d'or équipollés à quatre points d'azur.

GILLIER (Guyot), seigneur de Forges, général des finances des rois Jean et Charles V. Il se fixa à Romans où il mourut en 1398.

GILLIER (Jean-Baptiste), chanoine de Saint-Barnard, décédé le 4 février 1719.

GILLIER (Charles-Ferdinand, baron de), capitaine de cavalerie, chevalier de Saint-Louis, maire de Romans de 1786 à 1787, colonel général des gardes nationales en 1789.

D'or, au chevron d'azur accompagné de trois macles de gueules. Deux lions pour supports.

GIRIN (Jean de), chanoine, maître de chœur du chapitre de Saint-Barnard, en 1350.

D'argent, au lion de gueules.

GONDOIN DE BEAUCOURT (Pierre), receveur de l'élection de Romans, ensuite maître des comptes en 1670.

GONDOIN (Jean-André), chanoine de St-Barnard, mort en 1720.

D'or, au phénix de sable posé sur un bûcher allumé de gueules, s'essorant et regardant un soleil de même naissant à dextre du chef.

GONTIER (Antoine), marchand, consul, puis capitaine de la ville, marié à Félice de Poterlat, mort en 1569, laissant à l'aumône générale tous ses biens, entre autres une maison dite de l'*Ange*.

De gueules, à trois coquilles d'argent; au chef cousu d'azur chargé de trois étoiles d'or.

GOTTAFRED (Damien), chevalier le plus imposé de la ville (à 32 florins) dans la levée de la taille, en 1367.

GOTTAFRED (Jean), chanoine, clavier de Saint-Barnard en 1376.

GOTTAFRED (François), chanoine de la même église en 1562.

D'argent, à trois roses de gueules boutonnées d'or. — Selon Guy Allard : *De gueules à trois roses d'argent.*

GRIBALDI (Vespasien), 100e archevêque de Vienne, abbé de Saint-Barnard et co-seigneur de la ville de Romans ; il se démit en 1575 en faveur de Pierre de Villars.

D'azur, au sautoir ancré d'or.

Devise : *Plus penser que dire pour parvenir.*

GUÉRIN (Antoine), docteur en droit, juge royal de Romans, anobli en 1581, mort en 1597. Son fils :

GUÉRIN (Henri-Antoine), aussi juge royal, décédé en 1597 : tige de la famille de Tencin.

D'or, au laurier de sinople (Chorier dit : *au pommier arraché) ; au chef de gueules chargé d'une étoile d'or cotoyée de deux besans d'argent.*

GUIBERT (Charles-Benoit, comte de), major au régiment d'Auvergne, marié à Romans en 1742 avec Suzanne Rivail, fille de François Rivail, procureur, et de Suzanne Rochas. Il mourut le 8 décembre 1788, étant gouverneur des Invalides.

D'azur, à trois éperviers d'or.

GUIGOU (Pierre), chef des prêtres de l'église de Saint-Barnard, mort le 14 avril 1647.

GUIGOU DE CHAPOLAY (Jacques), payeur des gages du Parlement.

GUIGOU DE CHAPOLAY (Aymar), président du conseil des finances en Dauphiné, mort à Romans le 21 juillet 1656.

D'or, au paon d'azur en profil ; au chef de gueules chargé d'une couronne d'argent.

GUILLAUD, famille de notaires de Romans.

GUILLAUD (Raymond), chanoine de Saint-Barnard, mort en 1691.

Parti, au 1 de... à un oranger posé sur un croissant ; au 2 de... à trois chevrons; au chef de... chargé de trois étoiles rangées.

GUILLON (Etienne), juge des appels de la cour de Romans en 1430.

D'azur, au sautoir d'or.

HEURARD D'ARMIEUX (Pierre-Hippolyte-César), ancien garde du corps, marié à Romans, le 26 février 1826, à Claire-Charlotte-Marie, fille de Dubu d'Agville, chef d'escadrons et chevalier de Saint-Louis, et de Constance Brenier de Monière.

D'azur, à un bélier rampant d'argent, broutant une branche de laurier, surmonté en chef d'une étoile d'or.

HOPITAL DE LA CHARITÉ. Sur l'ancienne porte d'entrée les armes de Melchior de Gillier ; sur la façade du nord celles des Frères de la Charité : *Une grenade et une croix d'or dans un champ parti de sable et d'azur, surmontées du mot* charitas.

HOPITAL GÉNÉRAL : *Une femme assise qui reçoit deux enfants dans son giron, appuyée sur une colonne tronquée.*

HOPITAL DE SAINTE-FOY. Sur la façade de la rue de Jacquemart, il y avait les armes du chapitre; celles de la ville étaient sur la façade regardant la place.

HOSTUN (Jacques d'), marié à Romans, le 31 mars 1440, avec Béatrix, dame de Claveyson, mort dans cette ville le 11 janvier 1474.

HOSTUN (Giraud d'), chanoine précenteur du chapitre de Saint-Barnard, en 1567.

De gueules, à la croix engrelée d'or.

HUGUES (Guillaume d'), né en 1690, au château de Lamotte, diocèse de Gap; évêque de Nevers, nommé le 4 avril 1751, archevêque de Vienne, abbé de Saint-Barnard et co-seigneur de la ville de Romans, mort en 1774.

D'azur, au lion d'or surmonté de trois étoiles de même, à trois fasces de gueules brochant sur le lion.

JOMARON (Gaspard), consul de Romans en 1587, contrôleur des

guerres et des finances du roi en Dauphiné en 1591, anobli en 1603.

JOMARON (JEAN, PIERRE & autre JEAN DE), conseillers au Parlement de Grenoble, en 1608, 1739 et 1750.

JOMARON DE MONTCHOREL (FRANÇOIS), capitaine de cavalerie, chevalier de Saint-Louis, gouverneur de Die, mort à Romans le 20 août 1798, sans laisser d'enfants de Françoise-Amanthe de JARENTE.

De gueules, au lévrier effrayé d'argent colleté de sable.

JOMARON DE TIVOLEY (CHARLES-NICOLAS), avocat à Romans, marié le 20 mai 1717 avec Charlotte de CHAMPLONG.

De gueules, à la bande d'or chargée de 3 losanges et deux demis de sable.

Une autre branche portait : *D'azur, au chevron d'argent accompagné de deux étoiles et d'une fleur de lys.*

JONY OU JOANNI (OSIAS), seigneur de Pennes, écuyer du Dauphin, capitaine de Romans et commissaire pour les fortifications de la ville, en 1456.

D'azur, au cœur d'or, traversé d'une flèche et percé de trois clous de la passion de même.

D'après Guy Allard : de *gueules à deux lions d'argent, colletés de gueules.*

LABARRE (PIERRE), commissaire du roi à l'aliénation des domaines en Dauphiné, en 1422, trésorier général en 1436.

LABARRE (FRANÇOIS-THIBAULT), consul de Romans en 1642, capitaine major de la ville en 1675.

De gueules, à la barre d'argent.

LA BATIE (JOSEPH CARRA DE), officier aux dragons du Dauphin, marié à Romans, le 20 août 1766, avec Jeanne-Félicité BOUTILLIER D'ARTAN.

De gueules, au sautoir accompagné de quatre croissants d'argent ; au chef d'or chargé d'un aigle de sable.

LACROIX (MONNET DE), consul de Romans en 1378.

LACROIX, DIT GUERRE (FÉLIX DE), docteur en droit, avocat général au Parlement en 1549 ; conseiller d'Etat en 1553, mort et inhumé à Romans, en 1583.

LA CROIX (JEAN DE), avocat général, puis président au Parlement ; évêque de Grenoble, conseiller d'Etat, etc. ; mort à Paris le 8 mars 1619 et enterré dans le tombeau de famille, à Romans où il était né, le 10 août 1555.

D'azur, au buste de cheval coupé d'or, animé de gueules; au chef de gueules chargé de trois croisettes d'argent.

Indomitum domuere cruces
Devises: *Victricia signa secutus.*
In crucibus mihi major honos.
Cri: *Guerre, Guerre!*

LA FAYOLLE DE LA TOURNE (Philibert), seigneur de Montrigaud et de Larnage en 1710; résidant à Romans.

D'argent, au lion de gueules; au chef d'azur chargé de deux palmes en sautoir au naturel et liées de gueules.

Devise: *Tendit ad gloriam.*

LALLI (Arthur-Thomas de), baron de Tollendal, né à Romans, le 13 janvier 1702, de Gérard de Lalli, capitaine major du régiment irlandais de Dillon, et d'Anne-Marie de Bressac, veuve Duvivier: gouverneur de l'Inde, décapité à Paris le 6 mai 1766.

D'argent, à trois aiglettes de gueules ayant la tête contournée et portant au bec un rameau d'olivier de sinople accompagné de trois croissants mal ordonnés d'or.

Devise: *Intaminitatis fulgent honoribus.*

LAUDUN (Guillaume de), nommé par Jean XXII, le 27 février 1321, archevêque de Vienne, abbé et co-seigneur de Romans; il passa à la métropole de Toulouse le 18 décembre 1327.

D'azur, au sautoir d'or surmonté d'un lambel aux sept pendants de gueules.

LAVIEU (Briand de), chanoine, comte de Lyon; 78e archevêque de Vienne, abbé et co-seigneur de Romans, nommé par le pape Clément V le 18 juillet 1306, à Bordeaux, mort en 1317.

De gueules, au chef de vair.

LEBLANC (Pierre), président en la Chambre des Comptes, anobli en 1602. Sa maison d'habitation à Romans était à l'entrée du pont sur l'Isère.

De gueules, au cygne d'argent; au chef écartelé en sautoir d'argent et de gueules, chargé en cœur d'un croissant d'or.

LEGENTIL (Gabriel-Arnoux), né le 27 décembre 1742. Savant jurisconsulte: maire de Romans en 1795, et du 8 août 1815 au 28 décembre 1824, jour de sa mort. Il avait été anobli au commencement de la Restauration.

D'azur, à la bande d'or accompagnée en chef d'un lion et en pointe d'une étoile de sable.

LIONNE (HUGUES DE), seigneur de Lesseins, d'Aoust, de Triors et de Flandennes, conseiller au Parlement en 1613, marié en 1615 à Clémence de Claveyson : mort à Romans le 17 octobre 1630.

De gueules, à la colonne d'argent ; au chef d'azur chargé d'une lionne d'or.

Devise : *Impavidus sursum vigilat.*

LIONNE (CHARLES DE), abbé de Lesseins, sacristain du Chapitre de Saint-Barnard, mort en 1701, portait partie de Lionne et de Claveyson.

LIONNE (HUGUES DE), ministre des affaires étrangères, décédé en 1671, écartelait ses armes de Lionne et de Servien.

Devise : *Scandit fastigia virtus.*

LORAS (GUYONET), gouverneur de Romans en 1374 ; chef de l'armée pour empêcher le passage des Bretons.

De gueules, à la face losangée d'or et d'azur.

LUC (GUIGUES), notaire. Il tint les comptes pour la construction de la seconde enceinte de la ville, en 1367.

LUC (ETIENNE), chanoine de Tournon et sous-capiscol de Romans, en 1593.

LUC (ANTOINE), commissaire des guerres, anobli en 1606.

D'or, à la bande de sable chargé d'un brochet (Lucius) d'argent.

LUCINGE (PIERRE DE), bâtard de Mélincte de Lucinge ; fiancé le 24 avril 1337 à Catherine, fille naturelle du Dauphin Humbert II, au nom duquel il fut, en 1364, gouverneur de la Bastide de *Beau secours* et de la ville de Romans.

D'argent à trois bandes de gueules.

MAGNARD (MARIE-JOSEPH-ALEXANDRE), né à Saint-Sorlin, marié en 1809 à Romans où il est mort le 5 octobre 1848.

MAGNARD (MARIE-GABRIEL-LOUIS-ALEXANDRE), né à Romans le 11 juillet 1810, allié à Marie-Benoîte Roux de Montagnière.

D'azur, au chevron d'hermines.

MAGNAT (PIERRE), docteur en droit, premier consul de Romans en 1580. Prisonnier en Savoie en 1595, la ville paya sa rançon.

De sinople, au lion d'or.

MAISONBLANCHE (LAURENT), curé, puis chanoine de Saint-Barnard, Dom recteur de l'hôpital de Ste-Foy de 1662 au 19 mai 1704, époque de sa mort.

De... à deux lions dressés contre un arbre.

MALET (PONCE), bourgeois de Romans au XIIIe siècle. La famille Malet habitait à la montée de Chapelier et possédait des terres à Larnage.

D'argent, au griffon de sable.

MALOC (GUILLAUME), recteur de l'hôpital de Sainte-Foy en 1309, chanoine de Saint-Barnard en 1332.

MALOC (BERTON). Il vendit, en 1343, au Dauphin Humbert II sa maison située à l'entrée du pont sur l'Isère.

MALOC (JACQUES), chanoine de Saint-Barnard en 1500.

Pallé et contre-pallé d'argent et de gueules de six pièces.

MANISSY (HUMBERT DE), bourgeois de Romans en 1393 : marié à Agathe de Lionne.

MANISSY (AYMAR DE), docteur en droit, conseiller au Parlement du 5 juin 1597, mort en 1625.

De gueules, à deux clefs d'argent passées en sautoir, l'anneau tortillé de quatre pièces, brisé en chef d'une étoile d'or.

MARILLAC (CHARLES DE), évêque de Vannes, 98e archevêque de Vienne, abbé et co-seigneur de Romans, le 2 décembre 1560.

D'argent, maçonné de sable, à l'orle de six merlettes et un lion de gueules en abime.

MERCIER (GUILLAUME), syndic de Romans en 1398; il assista en cette qualité aux Etats de la province réunis à Grenoble.

MERCIER (GIRARD), consul en 1490 : qualifié noble.

D'azur, à trois croissants montant d'argent mis en bande, cotoyés de deux fusées d'or.

Suivant Guy Allard : *D'azur, à trois écussons d'or mis en bande entre deux cotices de même.*

MERLES (GUILLAUME-MARIE-MAXIMIN DE), marié en 1868 à Louise-Césarine-Roberte GAUDOT-PAQUET, résidant à Romans.

D'azur, au pal d'argent chargé de trois merles de sable, membrés et becqués d'or.

MICHA (GUILLAUME DE), chanoine et maître de chœur de l'église de Saint-Barnard en 1562.

D'argent à trois pals de gueules ; au chef d'azur chargé de trois molettes ou étoiles d'or.

MILHIARD (CHARLES), receveur général des tailles en Dauphiné. Il siégea aux Etats de Blois en 1576, en qualité de consul de Romans.

MILHIARD (JEAN), aussi receveur général des tailles en 1587.
De... à un chevron de... et un annelet en pointe; au chef de... chargé de trois étoiles rangées.

MIOLANS DE CARDÉ (JACQUES SALUCES DE), originaire de la Savoie, gouverneur de Romans en 1568.
Bandé d'argent et de gueules.

MIRIBEL (PIERRE DE), chanoine de Saint-Barnard en 1160.
Ecartelé d'or et de gueules, à la cotice d'hermines brochant sur le tout.

MISTRAL (LAURENT), avocat, premier consul, envoyé à la cour pour affaires de la ville de Romans. Il devint seigneur de Parnans en 1608, conseiller au parlement en 1632 et mourut à Romans le 7 septembre 1650.

MISTRAL (JOACHIN), chanoine de St-Barnard en 1622; mort le 1er novembre 1667; son corps fut transporté en bateau à Valence pour y être inhumé dans le tombeau des Mistral.
De sinople, au chevron d'or chargé de trois trèfles d'azur.

MOIRANS (AYNARD DE), 72e archevêque de Vienne, abbé et co-seigneur de Romans en 1195, mort en 1205.
Fuzelé d'argent et de gueules.

MONIER (JEAN), contrôleur des domaines, anobli en 1703.

MONIER DE BELLEBAT (BRUNO), capitaine au régiment de Condé, chevalier de Saint-Louis, mort le 20 novembre 1774.
De... au lion de... issant d'une couronne.

MONTCHENU (JACQUES DE), sacristain du chapitre de Saint-Barnard, en 1228.

MONTCHENU (HUMBERT DE), 84e archevêque de Vienne, abbé et co-seigneur de Romans, de 1368 à 1395.

MONTCHENU (GEOFFROY DE), doyen de Lyon et sacristain de Saint-Barnard, de 1429 à 1467.
De gueules, à la bande engrelée d'or.

MONTMORIN DE SAINT-HEREM (ARMAND DE), évêque de Die; nommé le 10 avril 1694 archevêque de Vienne, abbé et co-seigneur de Romans; mort le 6 octobre 1713.
De gueules, semé de molettes d'argent, au lion de même brochant sur le tout.

MORTEMART-BOISSE (MARC-JEAN DE), chef de bataillon, officier de la Légion d'honneur. Il épousa, le 19 janvier 1839, Marie-Georgette, fille du colonel baron Gaillard, et mourut à Romans le 4 octobre 1866.

D'hermines, à trois fasces de gueules; parti d'argent à la bordure de gueules.

MORTILLET (ALEXANDRE-GALLIX), né en 1742, avocat, premier échevin de Romans, député aux Etats de la province en 1788; juge, puis président du Tribunal du district, juge de paix en 1792.

Coupé au 1 d'azur, à un C et à un G gothiques d'argent, au 2 de gueules, à la croix ancrée d'argent.

MORTILLET (ALEXANDRE DE), ex-capitaine aux gardes suisses à Rome, chevalier de plusieurs ordres; marié à Romans, le 5 février 1872, avec Marie-Eugénie de Labareyre.

De gueules, à la croix d'argent chargée en pal de trois molettes, surmontée d'un cimier fermé.

MOSNIER DE ROCHECHINARD (CLAUDE), premier consul de Romans en 1577, député aux Etats Généraux de Blois, en 1588, CHARLES, sieur de CRÈVECŒUR, consul en 1634, mort en 1660.

D'argent, au chef d'azur, au lion de gueules, armé, lampassé et couronné d'or, brochant sur le tout.

MOTTE, DIT CÈDRE (ROBERT), baron de l'Empire, général de brigade, commandeur de la Légion d'honneur; mort à Romans en 1829. Il avait épousé Marie Perron.

D'argent, à un R et à un M majuscules de sable, quatre drapeaux passés en sautoir derrière l'écu auquel est suspendue une croix de la Légion d'honneur.

MOTTET (RAYMOND), Dom recteur de l'hôpital de Sainte-Foy en 1374, chanoine maître de chœur de Saint-Barnard, en 1376.

D'azur, à la tour d'argent soutenue d'une motte d'or, accompagnée de deux étoiles de même, en chef.

MURINAIS (ALLARD DE), prévôt des maréchaux de France, marié à Romans, le 19 octobre 1709, avec Marianne Colet de la Chasserie, fille de Jean-Louis, substitut en l'élection.

De gueules, au lion d'or.

NANT (JEAN DE), 86e archevêque de Vienne, abbé de Saint-Barnard et co-seigneur de la ville de Romans; nommé en 1405, transféré a l'évêché de Paris le 25 juin 1423.

NANT (PIERRE DE), chanoine de Saint-Barnard en 1421.

De gueules, à la bande d'or accompagnée de deux cotices de même.

NIÈVRE (Barthélemy de), juge de la cour séculière de Romans, en 1459.

D'azur, semé de croisettes tréflées, fichées d'or, au griffon de même brochant sur le tout.

NORRY (Jean de), chanoine comte de Lyon, 87e archevêque de Vienne, abbé et co-seigneur de Romans en 1422; transféré au siége de Besançon, mort en chemin le 15 octobre 1438.

De gueules, à la fasce d'argent.

NUGUES (Saint-Cyr), lieutenant général, pair de France, grand-croix de la Légion d'honneur, chevalier de Saint-Louis, dignitaire des ordres de Saxe, d'Espagne et de Belgique, né à Romans le 15 octobre 1774, mort à Vichy le 25 juillet 1842. Nommé chevalier de l'Empire, en 1810, avec les armes suivantes :

D'argent, à la fasce de gueules du tiers de l'écu, au signe des chevaliers accompagné en chef de deux croissants en fasce d'azur et en pointe d'un dauphin posé en pal de sinople, allumé et écaillé du champ.

Créé baron de l'Empire en 1811, de nouvelles armes lui furent attribuées et confirmées sous la Restauration, et qui étaient :

Parti, le 1er d'or, au dauphin de sable, allumé, lorré et peautré de gueules surmonté d'un croissant de sable renversé; le 2e de gueules à une épée d'argent coupée d'or, à trois dauphins d'azur allumés, lorrés et peautrés de gueules, celui du milieu surmonté d'une étoile d'azur.

NUGUES (Saint-Cyr-Louis), baron, général de brigade, commandeur de la Légion d'honneur, décoré de plusieurs ordres étrangers, né à Romans, le 8 octobre 1819. Autorisé, en 1868, à relever le titre de baron éteint par le décès de son oncle, on lui donna les armes suivantes :

D'argent, à la fasce de gueules accompagnée en chef de deux croissants d'azur et en pointe d'un dauphin nageant de sinople; franc quartier des barons tirés de l'armée.

ODDE (François), chanoine de St-Barnard, en 1509.

ODDE (Ennemond), seigneur de Triors, commandant pour le roi la ville de Romans, le 1er mai 1562, et une seconde fois le 17 juillet 1563.

Ecartelé aux 1 et 4 d'or, au lion de gueules; aux 2 et 3 de gueules, au porc-épic d'or.

ODOARD DE VILLEMOISSON (Jean), commissaire des guerres, procureur du roi à Romans, en 1580.

Jacques & Séverin furent conseillers au Parlement en 1545 et 1550.

De gueules, à trois molettes d'or; au chef de même chargé d'un lion de sable.

Des branches brisaient : *d'azur, à trois molettes d'or; au chef de même chargé d'un lion de sable.*

OLLIER (Lantelme), chanoine de Saint-Barnard, en 1376.

OLLIER (Jean), maître de chœur de la même église, en 1421.

D'azur, au chevron d'argent, accompagné en pointe d'un lion d'or lampassé de gueules; au chef d'or chargé d'une étoile de gueules.

PALMIER (Pierre), 97e archevêque de Vienne, abbé et co-seigneur de Romans, en 1528, mort après s'être démis, en 1554.

D'azur, à trois palmes rangées d'or.

PELOUX (Humbert), avocat consistorial, anobli en 1588, « pour ses vertus et ses mérites notoires ». Les lettres patentes furent enregistrées avec éloges à l'Hôtel-de-Ville de Romans, le 15 janvier 1589. Il mourut dans cette ville en 1613.

De sable, à la fasce d'or accompagnée en chef de deux besants d'argent, en pointe d'un croissant de même.

PINA (de), marquis de Saint-Didier. Cette famille, anoblie en 1571, pour faits de guerre, s'est alliée, à Romans, avec les Garagnol, les Duvivier, les Giraud.

D'azur, à la bande d'argent chargée de trois croisettes de sable.

POITIERS (Jean de), évêque de Valence, 89e archevêque de Vienne, abbé et co-seigneur de Romans, de 1448 à 1452.

D'azur, à six besants d'argent; au chef d'or.

PONTEVÈS (Paul-Rose-César), officier au régiment d'Engheim, marié en 1788 à Gabrielle-Félicité de la Bâtie, mort à Romans le 12 septembre 1809.

De gueules, à un pont de deux arches d'or maçonnées de sable.

Devise : *Prudence à Pontevès.*

PONTUAL (Louis-Marc-Yves, comte de), chef de bataillon, officier de la Légion d'honneur; marié à Romans, le 27 novembre 1847, avec Marie-Caroline de Loche; mort dans la même ville le 13 avril 1870.

De sinople, au pont de trois arches d'argent, accompagné en chef de trois cygnes de même, becqués et membrés de sable. L'écu sommé d'un heaume fermé et supportant une croix d'officier de la Légion d'honneur.

POPON DE MAUCUNE (Charles), avocat, subdélégué de l'intendant, en 1726; procureur du roi en l'échevinage de Romans, mort en 1760.

POPON (Barthélemy), subdélégué de l'intendant en 1788.

POPON (François), maître ès-arts, chanoine de Saint-Barnard en 1789, mort le 3 septembre 1798.

D'azur, à une colombe d'argent tenant à son bec un rameau d'olivier.

Le chevalier de Maucune portait les armes de Malte, alias *d'azur, à un cerf passant d'or.*

POTERLAT (François-Félix de), seigneur de Saint-Ange, Geyssans, Labâtie, capitaine au régiment de Foix, mort à Romans le 25 septembre 1733.

D'azur, à la bande d'argent, et une molette d'or au 2e quartier du chef.

POUCHELON (Etienne-François-Raymond), baron de l'Empire, général de brigade, officier de la Légion d'honneur, chevalier de Saint-Louis; né à Romans le 25 octobre 1770, mort dans cette ville le 4 septembre 1831.

D'argent, semé d'étoiles de sinople, à la mosquée d'azur sommée d'un croissant de même, ajourée d'or, terrassée de même.

POURROY DE L'AUBÉRIVIÈRE (Melchior), vicaire général de Vienne, sacristain du chapitre de Saint-Barnard, de 1701 à 1733.

D'or, à trois pals de gueules; au chef d'azur chargé de trois molettes d'or.

POURROY DE LA MÉERIE (Louis-François), bachelier en Sorbonne, sacristain du chapitre de Saint-Barnard, en remplacement de son oncle. Sacré évêque de Québec, le 29 juin 1739, mort le 20 août 1740.

D'or, à la bande d'azur chargée de trois croissants d'argent.

Devise : *Tout par grand amitié.*

Cito tutoque.

Cri : *Pro rege* (Pour roi).

POYSIEU (Antoine de), 90e archevêque de Vienne, abbé et coseigneur de Romans, nommé le 22 janvier 1453, céda en 1473 à son neveu, et mourut dans l'abbaye de Saint-Pierre en 1495.

De gueules, à deux chevrons d'argent surmontés d'une fasce de même.

RAYMOND MERLIN (Jacques), d'abord marchand à Romans, puis gentilhomme servant du roi, en 1676, premier consul de la ville en 1684, mort en 1695.

Autre Jacques, écuyer, sieur du Chélas, capitaine de cavalerie au régiment de Condé, chevalier de Saint-Louis, décédé à Romans, le 22 juillet 1756.

D'or, à la bande de gueules chargée de trois demi-vols d'argent et deux molettes d'azur, l'une en chef et l'autre en pointe.

REYNAUD (Guillaume), docteur en médecine, premier consul en 1563, député par la ville aux Etats de Montélimar.

REYNAUD (Jean-François), sieur de la maison-forte de la Bâtie de Chambaran, avocat consistorial, anobli en 1609. Ses lettres patentes furent enregistrées à l'Hôtel-de-Ville de Romans le 21 mars 1610. Il mourut à Grenoble, le 11 septembre 1625.

D'azur, au chevron d'or accompagné en pointe d'un losange d'argent; au chef de même chargé de trois trèfles de sinople.

RICOL (Jean-Antoine), docteur en droit, maître des comptes en 1627, juge royal de Romans, en 1634.

Autre Jean-Antoine, Salomon et Paul-Hilarion RICOL furent maîtres des comptes en 1677, 1696 et 1720.

D'azur, semé de larmes d'or, à la bande de même chargée d'un lion de gueules brochant sur le tout.

ROCHAS (Louis), receveur des droits du roi en Bourgogne, en 1740.

ROCHAS (Jean-Antoine), suppléant, en 1758, Antoine Servan de Granville dans sa charge de receveur des tailles de l'élection de Romans.

D'azur, à un roc d'argent chargé d'un chat de gueules.

ROCHEFORT. Très-ancienne famille de Romans, remontant au XIe siècle. Artaud fut chanoine de Saint-Barnard en 1090. Marguerite, sœur et héritière d'Aymar, fut mariée à Artaud de Beaumont.

De gueules, à trois chevrons d'or ou d'argent, suivant Guy Allard.

ROMANS (Ville de), dont les armes sont :

D'azur, à la porte de ville ouverte en forme de tour carrée d'argent, pavillonnée et girouettée, flanquée de deux guérites pavillonnées et girouettées de même, le tout maçonné de sable et un grand R couronné d'or dans l'ouverture de la porte.

Cri : *Saint-Georges et Dauphiné.*

SABLIÈRES DU BOUCHET (Pierre-Denis), avocat, conseiller du roi, lieutenant général de police, juge royal de Romans, de 1766 à 1790, né en 1733, mort à la Martinique, le 14 décembre 1809.

D'argent, à un chevron de gueules, accompagné en chef de deux étoiles et en pointe d'une ancre de sable.

SAINT-ANDRÉ (Jacques de), chevalier de Malte, gouverneur de Romans, en 1550.

SAINT-ANDRÉ (Philippe-Philibert de Cervières de), aussi gouverneur de Romans, de 1569 à 1574. En récompense de ses bons services, la ville lui fit don d'une maison du prix de 1,800 livres.

D'argent, à l'aigle d'azur, membré, becqué et couronné de gueules.

SAINT-BARNARD (Chapitre de). Il avait pour armes :

Bandé d'or et d'azur de six pièces, à une tour carrée et crénelée de sable, surmontée d'une main de bénédiction de carnation, parée de gueules et posée en pal.

SAINT-FERRÉOL (Hercule-Sibeud, seigneur de), lieutenant de la compagnie de la Sallette, capitaine de 200 hommes de pied et gouverneur de Romans en 1597, de Die en 1622.

SAINT-FERRÉOL ET DE DIVAJEU (Alexandre-Sibeud, seigneur de), fils du précédent, aussi gouverneur de Romans, en 1617.

De sinople, au chevron d'or, accompagné de trois molettes d'argent; au chef d'or.

SAINT-GERMAIN DE MEIRIEU (Robert de), gouverneur de Romans, de 1750 à 1757.

D'or, à la bande d'azur chargée de trois croissants montant d'argent.

Devise: *Perge, age, vince, omnem miles virtute laborem.*

SAINT-JUST (Abbaye de), transférée du Royans à Romans où elle a existé de 1600 à 1790.

De gueules, à la croix patriarcale d'or. Sans doute en souvenir du fondateur de cette abbaye, Humbert, ancien dauphin, devenu patriarche d'Alexandrie.

SAINT-MAURICE (Chapelle & Société de). Elle avait un sceau où était Saint-Maurice debout, tenant de la main droite une lance et de la gauche un bouclier, et autour ces mots : SIGNV . IN . CAPE. 1547. SACTI MAURICII. (Sceau de l'insigne chapelle de Saint-Maurice. 1547).

SAINT-OURS (Louis de), obtint, le 20 mars 1641, un jugement de noblesse remontant à 1339. Originaire de Veurey, cette famille se divisa en deux branches : l'une s'établit au Canada et l'autre se fixa à Romans et au Bourg-du-Péage, où elle a fourni des notaires et des châtelains de Pisançon, et s'est éteinte, en 1770, en la personne du chevalier François de Saint-Ours, enseigne de vaisseau.

D'or, à un ours de sable.

SAINT-SACREMENT (CONGRÉGATION DU). La maison mère a été établie à Romans dans les anciens bâtiments de l'abbaye de Saint-Just, par décret du 30 juillet 1804.

D'azur, à un Saint-Sacrement d'argent.

SAINT-SÉVERIN (FRÉDÉRIC DE), évêque de Meillerais, cardinal en 1489, archevêque de Vienne, abbé et co-seigneur de Romans, de 1497 à 1515.

SAINT-SÉVERIN (ALEXANDRE DE), neveu du précédent, 96e archevêque de Vienne, abbé et co-seigneur de Romans, de 1515 à 1527.

D'argent, à la fasce de gueules, à la bordure de même, chargée de huit étoiles d'or.

SAINTE-MARTHE (CONGRÉGATION DE), fondée à Romans, en 1813, par Mlle Gabrielle-Edwige du Vivier.

D'argent, au monogramme IMS *soutenu d'un cœur enflammé.*

SASSENAGE (DIDIER DE), chanoine de Saint-Barnard et viguier de Romans en 1250.

Burelé d'argent et d'azur de dix pièces, au lion de gueules, armé, lampassé et couronné d'or, brochant sur le tout.

Cimier : *une Mélusine.*

SAVARIN (CLAUDE), prévôt de Château-Salins. Il reçut des lettres d'anoblissement datées de Nancy le 27 janvier 1555, de Nicolas de Lorraine, comte de Vaudemont.

SAVARIN (ALEXIS) s'établit marchand à Romans et eut pour fils : PIERRE-HENRI, lieutenant d'infanterie, chevalier de la Légion d'honneur, puis receveur de l'hospice et du bureau de bienfaisance, mort le 8 août 1862.

D'or, parti d'azur, au lion de l'un en l'autre, timbré d'un bras armé et revêtu de mailles, tenant un pistolet d'argent, soutenu le tout d'un hermet mort d'argent.

SERVAN (JOSEPH-ANTOINE), sieur de Roussan et de Granville, conseiller du roi, receveur des tailles de l'élection de Romans, en 1734.

SERVAN (JOSEPH), sieur de Boisset, exerçant les mêmes fonctions en 1741.

SERVAN (ANTOINE-MICHEL), sieur de Gerbeys, avocat général au Parlement, de 1758 à 1772, né à Romans le 3 novembre 1737, mort à Rousset, près Saint-Rémy, le 5 novembre 1807.

D'azur, à la bande d'or accompagnée en chef d'une étoile et en pointe d'un chevreuil saillant d'argent.

SUEL, famille divisée en plusieurs branches dites : de Pourcieux, Beguin, Lambert, aujourd'hui éteinte.

SUEL-BÉGUIN (Jacques-Thomas), né le 7 mai 1738, capitaine dans la légion de Flandre en 1764, tué en duel à Romans, le 18 juillet 1769, par Reymond du Chélas.

SUEL (Emmanuel), chanoine de Saint-Barnard, vicaire général de Senez, député du clergé à l'Assemblée des trois Ordres en 1788, mort le 12 mars 1815.

D'azur, au lion passant d'argent; au chef de gueules chargé d'une croix pattée d'or ; deux aigles pour supports.

TARDIVON (Guillaume), écuyer, courrier de Romans pour la partie delphinale, en 1520.

TARDIVON (André), lieutenant du juge-royal, en 1533.

Cette famille avait été anoblie en 1506.

De sinople, à une tour crénelée d'argent, maçonnée et ajourée de sable, accostée de deux fleurs de lys aussi d'argent ; au chef d'azur chargé de trois diamants rangés et taillés en pointe d'or.

THOMÉ. Très-ancienne famille de Romans, qui a fourni :

Claude, docteur ès-lois. Juge royal en 1509, et plusieurs conseillers au Parlement de Grenoble, savoir :

Michel, par lettre du 30 novembre 1569 ;

Romain, seigneur de Sablières, du 7 octobre 1595 ;

Pierre, du 17 décembre 1646 ;

Jérome, sieur de la Carré, du 10 mars 1659 ;

Laurent, sieur de Chavaix, du 30 janvier 1676 ;

Joachim, sieur de Saint-Christophe, du 11 avril 1702.

D'azur, à une tête de cerf coupée d'or.

TORCHEFELON (Jean de), chambellan du roi et maréchal de l'armée royale, nommé capitaine de la ville de Romans en 1420, par l'archevêque de Vienne.

De gueules, au chef d'azur chargé de trois bandes d'argent, chacune chargée de trois mouchetures d'hermine.

Devise : *Potiùs mori quàm fœdari.*

TOUR (Robert de la), 71e archevêque de Vienne, abbé de Saint-Barnard et co-seigneur de la ville de Romans, en 1176, mort dans le mois de juin 1195.

De gueules, à la tour avec son avant-mur d'argent.

TOUR D'AUVERGNE (Henri-Oswald de la), transféré du siége de

Tours à celui de Vienne, le 4 janvier 1721, cardinal en 1737, abdiqua le 17 mai 1745.

De France, à la tour d'argent qui est de la Tour; parti d'or au gonfanon de gueules frangé de sinople, qui est d'Auvergne.

VASSATI (Geoffroy), 88e archevêque de Vienne, abbé de Saint-Barnard et co-seigneur de la ville de Romans, en 1439, passé à l'archevêché de Lyon le 20 avril 1444, mort à Tours en 1446.

D'azur, au lion d'argent.

VEILHEU. Famille originaire de Clérieu. Elle a donné des conseillers au parlement de Grenoble : Claude, en 1549 ; Charles, en 1572 ; autre Charles, en 1615 ; des chanoines à l'église de Saint-Barnard : Romanet, en 1445 ; Jean, en 1506 ; Jacques en 1509 ; Jean, en 1562 ; des juges à Romans : Charles, en 1570 ; Jérome, en 1575, etc. Les lettres patentes d'anoblissement de la famille Veilheu furent enregistrées à l'Hôtel-de-Ville de Romans en mai 1546.

D'azur, à deux croissants adossés d'or; au chef de même.

VERGY (Guillaume de), gouverneur du Dauphiné, mort à Romans, le 5 juin 1361 et inhumé dans le chœur de l'église des Cordeliers. La pierre qui couvrait son tombeau, chargée de ses armoiries et d'une longue épitaphe se voit chez M. P. E. Giraud.

De gueules, à trois quintefeuilles d'or.

Devises : *Sans varier.*

VÉRONE. Le chevalier de Vérone habitait Romans et était capitaine d'une compagnie du régiment de Mollières. Il fut tué le 11 août 1590 par les gens du baron de Montchenu.

D'argent, à un chien courant de gueules colleté d'argent.

VILLARS. Cette illustre famille a fourni cinq archevêques de Vienne et abbés de Saint-Barnard, savoir :

Pierre, évêque de Mirepoix, en 1576, qui abdiqua en 1587.

Pierre II, neveu du précédent, en 1587, qui se démit en 1598 et mourut en 1613.

Jérome, frère du précédent, en 1598, mort en 1626.

Pierre III, coadjuteur de Jérôme, lui succéda en 1625 et mourut en 1662.

Henri, nommé en 1662, mort en 1693.

D'azur, à trois molettes d'or; au chef d'argent chargé d'un lion léopardé de gueules.

VINAY (Baron de), seigneur de Saint-Jean-d'Octavéon, chargé, le

11 avril 1561, par M. de Clermont, de commander la ville de Romans.

De gueules, à la tour d'argent, brisée d'une barre d'azur.

VISITATION DE SAINTE-MARIE (Monastère de la), fondé à Romans en 1632, supprimé en 1791 et rétabli dans les mêmes bâtiments par décret du 30 juillet 1804.

D'argent, à un cœur de gueules traversé de deux flèches, chargé au milieu du monogramme I M S, et surmonté d'une croix de sable, le tout dans une couronne d'épines.

VISITATION (Congrégation des Enfants de Marie de la). Elle est composée d'un certain nombre d'anciennes élèves de l'institution.

D'argent, à deux cœurs enflammés de gueules, joints et accolés, celui de dextre percé d'un glaive; sommé d'une étoile et entouré de deux tiges de lys au naturel.

YSE DE SALÉON (Jean d'), né protestant, se convertit, devint évêque de Rodez, puis le 110e archevêque de Vienne, abbé et co-seigneur de Romans, le 8 février 1747. Il mourut le 10 février 1751.

D'argent, au lion de gueules, à la bande d'or chargée en chef d'une fleur de lys d'or, brochant sur le tout.

FIN

Vienne, imp. Savigné. — 1878.

www.ingramcontent.com/pod-product-compliance
Ingram Content Group UK Ltd.
Pitfield, Milton Keynes, MK11 3LW, UK
UKHW022148190726
13855UKWH00004B/1400